EL CÓDIGO
DE LA
PERSEVERANCIA

Un destino escrito con Fe

EL CÓDIGO DE LA PERSEVERANCIA

Un destino escrito con Fe

JUAN y MARIAN

Primera edición: agosto 2025

Depósito legal: AL 5914-2025

ISBN: 979-13-7023-001-2

Impresión y encuadernación: Editorial Círculo Rojo

© Del texto: Juan y Marian
© Maquetación y diseño: Equipo de Editorial Círculo Rojo

Editorial Círculo Rojo
www.editorialcirculorojo.com
info@editorialcirculorojo.com

Impreso en España — Printed in Spain

AGRADECIMIENTO

Quiero agradecer a Dios por darme la paz cuando estaba roto, por darme esperanza cuando ya no creía en nada y por darme una segunda oportunidad.

A todos los que están leyendo estas páginas aquí y ahora les digo:

Incluso cuando todo parece perdido, cuando las sombras oscuras nos abrazan y el dolor nos gasta y agota, aún hay una razón para seguir adelante…

Yo soy prueba y testigo de que hasta en los más turbios y oscuros momentos se puede encontrar la luz.

Mi esposa Marian y yo descubrimos que vivir una vida plena y feliz es más sencillo de lo que muchos creen.

Ahora queremos compartir nuestra experiencia con vos, contigo y con usted.

A esos pocos contados con los dedos de una mano que creyeron en mí, en nosotros y en nuestro matrimonio.

A ustedes, que vieron nuestro avance día a día, incluso cuando otros solo miraban y observaban con asombro o duda.

Gracias por estar, por su fe inquebrantable, por celebrar nuestras victorias y, sobre todo, por acompañarnos en nuestro camino.

Me di cuenta de que el vacío no se llena con posesiones o con éxito. Me refugiaba en hábitos destructivos que solo empeoraban mi estado, creyendo que encontraría alivio con ellos, pero en lugar de ayudarme me hundían más en la desesperación.

Tenía todo lo que cualquiera desearía tener y, aun así, la felicidad me era ajena.

La felicidad no dependía de cuántas personas me rodeaban; podía estar en medio de una multitud y seguir sintiéndome solo, vacío, aislado, como si existiera detrás de un cristal que nadie más veía. Era como si el mundo estuviera completo sin mí. Miraba, observaba, intentando encontrar mi lugar, pero siempre quedaba al margen, como una pieza suelta de un rompecabezas que se diseñó para nunca encajar.

Lo sentía en lo más profundo de mí: que la vida que vivía no era la mía, no me pertenecía, como si estuviera atrapado en una historia equivocada, en un escenario donde no cuadraba. Mi sitio estaba en otro lugar, con otras personas, en una realidad, una vida que no había encontrado.

Quizás por eso todo lo que intentaba se desmoronaba delante de mí, en mis propias manos, como si algo o alguien se empeñara en recordarme a diario que estaba fuera de mi camino, en una autovía en dirección opuesta.

Pero yo me preguntaba: ¿cómo se busca lo que nunca se ha tenido? ¿Por dónde se empieza cuando no se sabe a dónde ir? ¿Dónde estaba la verdad? ¿Qué es la vida? ¿Y el camino, dónde está?

Paseando un día cualquiera, como otro sin sentido, hundido de nuevo, como siempre, en la desesperación de no saber a dónde ir o qué hacer, ya colmado hasta arriba de mis malos hábitos, estaba sentado en ese parque donde había árboles… ¿bonitos o feos, tal vez? No sé, no recuerdo bien.

Pensando en mis cosas —tampoco sé qué cosas, nada bueno, segurísimo—, frente a mí, un pájaro. Con descaro me miraba. Yo a él lo observaba también. No cantaba, no se movía, solo me miraba.

Al ratito de esa situación un poco incómoda, me levanté y, con voz firme y grave, le dije: «¿Y ahora qué?». Me miró de nuevo. Con un ligero movimiento y un corto silbido, marchó a otro árbol más lejano, al último. ¿Estaría más tranquilo y feliz? ¿Tranquilo y feliz… en otro árbol, otro sitio, otro lugar? ¿Qué me querría decir eso el gorrión?…

El propósito de vida nos es revelado. No es fruto de que empecemos a pensar: «A ver, ¿para dónde debo dirigir mi vida?, ¿qué es lo que me tiene que mover?». Te es mostrado.

Entonces, si te es mostrado, tenemos que tener la aptitud y la disposición de oír ese mensaje, porque esa comunicación la vas a recibir, antes o después, si lo anhelas.

Ese mensaje puede tener, y por cierto tiene, distintas formas de llegar a ti, pero te puedo asegurar que llega. De ahí la importancia de la fe, de creer y perseverar.

En esa revelación que tuve, ya se me mostró claramente y entendí que tendría que volar, viajar, moverme a otro sitio; que yo, como personaje principal de mi vida, tengo la libertad de interpretar un papel diferente, si así lo decidía.

Entonces, ¿por qué conformarme con cualquier papel? Yo viví, hasta ese momento, uno triste, muy triste: nada de ilusión, nada de alegría y, sobre todo, poca paz interior. No tenía que seguir interpretando ese papel, ese guion; no estaba condenado a seguirlo como así lo creía hasta ese momento. No era la única realidad posible: podía elegir como protagonista de mi vida.

Nosotros somos el profeta de nuestra vida y destino: lo sientes, lo concibes en la mente, con tu alma y con el corazón lo abrazas; después, se convierte en tu verdad.

Dejo atrás una vida desordenada, vacía y malgastada. Me despido de mi familia, amigos, de todos y de todo lo que fui para volar libre, como mi amigo el gorrión del parque: volaba y no miraba atrás. Me dirijo a Argentina en busca de un nuevo guion, una historia nueva que me llene y que me haga feliz de una vez por todas.

Voy con decisión y esperanza, sabiendo que este viaje es el inicio de algo grande. Tengo la certeza —así lo creo— de que, al otro lado del océano, hay alguien que también me ha estado esperando; su camino y el mío están destinados a cruzarse. La verdad es que voy con ilusión, porque este salto no lo tomo como una huida, sino como mi nuevo comienzo... Voy con la seguridad de que **todo es posible si puedes creer**... (Marcos 9:23).

Al poco tiempo de estar viviendo en tierras sudamericanas, aquella ilusión y esperanza que me acompañaban al salir desde España se desvanecieron, y caí en la desesperación, hundido en la tristeza y la impotencia. Como siempre, quise hacer las cosas a mi manera, sin querer esperar, sin saber que todo tiene su tiempo.

Rodeado de las personas equivocadas, en los lugares erróneos, terminé convirtiéndome en víctima de robos y maltrato físico. Para sobrellevar la situación, volví a refugiarme en los malos hábitos, repitiendo así el mismo ciclo del que había intentado escapar...

¿Y ahora qué? ¿Debía regresar a mi país? ¿Dónde ir? ¿Hacia delante, hacia atrás, hacia arriba, hacia abajo...?

No me quedaban fuerzas. Literalmente, no podía más.

Nada en el universo, en este mundo y en nuestras pequeñas vidas ha sido dejado al azar.

Dios lo ha diseñado. Él diseña antes de construir…

Esa misma semana yo ya estaba a punto y preparado —si se puede decir así— para dar la vuelta a Madrid, y la conocí a ella: mi esposa y compañera, que también viajaba, pero en su caso a Buenos Aires. Ella me contaba que las decisiones mal tomadas se acumulaban muy dentro de ella, y el peso de los días vividos erróneamente le hacía tener nuevo destino.

Cuando Dios cambia e impide nuestros planes, siempre es para su gloria y nuestro bien.

Hoy, al contemplar lo vivido, descubro con asombro que me ha sido concedido más de lo que jamás me atreví a imaginar.

No importa dónde estés ahora ni lo que te haya sucedido, puedes empezar a elegir conscientemente tus pensamientos y a cambiar tu vida. No hay situaciones —ni una sola— sin esperanza. Todas las circunstancias de tu vida pueden cambiar.

El hecho de que no entiendas desde el principio los códigos y mis palabras no se revelen claras no es razón para abandonarlas, no significa que los rechaces. No lo hagas; sigue, y hallarán su eco en ti. Persevera.

Puede que no entiendas la electricidad, pero gozas de su beneficio.

EL CÓDIGO DE LA PERSEVERANCIA

¿Qué es un código?
¿Qué es perseverancia?

Un código es más que símbolos, números o letras. Es una forma de ordenar el caos, es traducir ideas invisibles en realidades concretas.

En la vida, todos tenemos un código: principios, valores, reglas que nos guían incluso cuando nadie nos ve.

Así como los códigos informáticos construyen mundos digitales, nuestros códigos internos construyen nuestro carácter. Quien respeta los códigos, rara vez se pierde.

La perseverancia es la fuerza silenciosa que nos mantiene en pie cuando todo parece empujarnos a rendirnos. No es avanzar poco a poco, no es avanzar rápido, sino avanzar siempre.

Es ese compromiso interno de seguir intentando, incluso cuando el cansancio, la duda o los fracasos aparecen.

Perseverar es creer en el propósito, más allá de los obstáculos. Es entender que los grandes logros no son cuestión de suerte, sino de constancia.

CÓDIGO (UNO)

Cambia el sonido y, transformaras tu entorno

Así lo pienso, así lo siento. Como músico, no puedo imaginar a mi paisano Narciso Yépez ejecutando *el Concierto de Aranjuez* con notas desafiantes, con un sonido roto, sin alma.

Sería un atentado a la belleza, un golpe al corazón del arte. Cada nota, cuando está en armonía, acaricia tu interior y trae consigo paz, serenidad: una especie de código secreto del universo. Y así también son nuestras palabras: no solo lo que decimos, sino cómo lo decimos vibra en el aire y moldea el entorno. La voz que emites no es solo sonido, es atmósfera. Son vida o muerte. Se puede utilizar de manera constructiva, con palabras positivas de aliento, o de forma destructiva, con palabras negativas de desesperación. Las palabras tienen la capacidad de ayudar, sanar, obstaculizar, lastimar y humillar. Y ojo, cuidado: cada palabra que sale de tu boca no volverá a ti vacía, tanto para bien como para mal.

Lo que dices a los demás deja huella, pero lo que te dices a ti mismo te define. Si te hablas con duda, te llenarás de temor; si te hablas con confianza, construirás grandeza. Usa tus palabras para impulsarte, no para frenarte. Tus palabras crean la realidad en la que vives.

Por eso, quien habla lleva en la lengua el timón del destino —propio y ajeno—, y cada sílaba que pronuncia puede ser una chispa divina o un sonido que condena. No se trata solo de hablar: se trata de saber que, al hacerlo, tocas el mundo con tu voz.

Hay quienes hablan sin pensar, como si las palabras no tuvieran destino, pero cada vez que un sonido escapa de nuestros labios, deja una huella.

A veces invisible, a veces imborrable: lo dicho, lo hablado, no se desdice; queda ahí, suspendido en la memoria y el corazón de quien escucha. Construye o destruye desde el silencio.

Y es que la voz es un espejo: revela lo que hay dentro, aun cuando se intenta ocultar:

«Porque de la abundancia del corazón habla la boca.»

Lucas 6:45

Y es verdad, porque no se puede fingir eternamente la intención que habita detrás de una palabra. Tarde o temprano, el tono traiciona, la mirada delata y la verdad sale a la luz.

Nuestra voz no es solo un sonido: es una declaración, un regalo, una espada o un consuelo.

Hubo un tiempo en mi vida en que caminaba con la cabeza baja, arrastrando los pies por un mundo que parecía hecho solo de sombras.

Las palabras que salían de mi boca y las que recibía eran duras, pesadas, a veces huecas, otras como cuchillas. Cuando dices «no puedo», «no sirvo», «siempre todo es igual», sin quererlo, cada palabra cava un poco más en un pozo.

Querido amigo, amiga: usa palabras que no juzguen, que no hieran, sino que abracen. Empieza a observar y a escuchar más su tono. Y en poco tiempo vas a descubrir el poder de las palabras: de lo que se dice, de cómo se dice. Y ojo, el silencio también habla; juega un papel muy importante en el diálogo. A veces, habla más que las propias palabras... mucho más, diría yo. El año 2020 quedó marcado en la historia como el tiempo en que el mundo se detuvo, sumido en el miedo y la incertidumbre. Mientras las noticias anunciaban cifras de muerte y el eco de la pandemia llenaba hospitales, mi esposa y yo decidimos aferrarnos a la esperanza, declarando vida. Los médicos fueron claros desde el principio en esa consulta médica: «Imposible», dijeron. Es demasiado arriesgado para tu vida quedar embarazada. Nosotros declaramos todo lo contrario: sería posible y no tan arriesgado. Contra todo pronóstico, ocurrió lo que no podría ser: Marian quedó embarazada. Siete meses después, aproximadamente, en la antesala del quirófano, los médicos —de nuevo al ataque—, con sus rostros serios, me advertían que no podían, de ninguna manera, garantizar que ambas sobrevivieran. Sus palabras flotaron en el aire como una sentencia. «Todo irá bien», dije con firmeza. «Las dos vivirán». Con fe y convicción dije lo contrario, no aceptando sus palabras. Esa afirmación no solo fue un deseo, sino una declaración de vida.

«Creí, por lo cual hablé.»
2 Corintios 4:13

Mi esposa, cada día más viva y guapa; mi niña, pronta a cumplir su quinto cumpleaños.

Queridos amigos, las palabras pueden ser un ancla en una tormenta o un faro que ilumina el camino. Por eso, es crucial ser conscientes de lo que decimos y cómo lo declaramos.

> **«La muerte y la vida están en poder de la lengua, y el que la ama comerá de sus frutos.»**
>
> Proverbios 18:21

Este versículo nos recuerda que nuestras palabras no son meros sonidos y no se las lleva el viento. Son semillas que, al ser pronunciadas, germinan y dan fruto, ya sea para bien o para mal. Recuerdo una ocasión, de aquellas épocas oscuras en que aún vivía perdido, atrapado en mis propios errores, incapaz de comprender cómo había llegado hasta allí ni cómo salir.

Una tarde, al llegar a casa, mi padre me miró con una mezcla de tristeza y resignación. Su rostro, cansado por los años y las preocupaciones, parecía buscar algo que ya no encontraba.

Con voz firme, pero cargada de impotencia, me dijo:

—Hijo, te estás cavando tu propia tumba.

No supo decir más. Ya no sabía cómo ayudarme ni qué palabras usar para salvarme del abismo en que me encontraba.

Pero aquellas palabras… se clavaron en lo más profundo de mi alma, como un hierro candente. Me dolieron de una manera que no supe explicar en ese momento, y todavía hoy, después de más de veinte años, siguen resonando dentro de mí.

Recuerdo que entonces, aunque ya me sentía perdido, muy perdido, algo en mi interior se quebró aún más. Una parte de mí deseó desaparecer por completo. Quiero resaltar algo que a menudo se olvida cuando se habla de dolor y de lucha interna: yo no quería esa vida. No deseaba ser quien era en aquellos días. No quería vivir hundido en esa oscuridad, atrapado en hábitos —cigarrillos y alcohol— que me acompañaban siempre y me iban destruyendo poco a poco. Soñaba con algo diferente. Anhelaba otra vida, otra manera de ser, aunque en ese entonces ni yo ni nadie a mi alrededor sabíamos cómo alcanzarla. Recorrimos todos los caminos que creímos posibles: visitas a médicos, tratamientos, medicaciones, promesas de nuevas oportunidades. Cada pequeño destello de esperanza era una razón para seguir intentándolo, para no rendirse.

El querer cambiar, el querer vivir, el querer ser mejor... eso ya es tener más del cincuenta por ciento de la batalla ganada.

Pero hay algo que deben entender bien: si alguien no quiere cambiar, si se siente cómodo en su dolor o en su autodestrucción, si ni siquiera percibe el daño que se hace a sí mismo y a quienes lo rodean...

Si es así, entonces estamos hablando de otra lucha, de algo mucho más profundo y oscuro. Querer salir es el primer paso, el más importante. Sin ese querer, ninguna ayuda, ninguna palabra, ningún gesto podrá salvar a quien no quiere salvarse.

Si *el Código de la Perseverancia* hubiese llegado a mis manos en ese momento, todo hubiese cambiado: en mi vida y en las vidas de quienes me rodeaban. Con lágrimas en los ojos escribo, sabiendo y comprendiendo con mucha gratitud. Porque hoy, con el corazón más blando y mis ojos más abiertos, puedo ayudar y amparar. Y si lo vivido puede ser luz para otros...

**«En medio de la angustia clamé al Señor,
y él me respondió y me dio libertad.»**

Salmos 118:5

¿Qué palabras están saliendo de tu boca? ¿Positivas o negativas? ¿Muerte o vida?

William James, un conocido norteamericano estudioso del comportamiento humano, dijo: «Eres tú, con tu forma de hablarte cuando tropiezas y caes, el que determina si te has caído en un bache o en una fosa».

¿Qué palabras saldrán entonces de tu boca?

Cambia tu forma de hablar… y el mundo cambiará contigo.

Te hablo, como siempre, desde la sencillez del que ha vivido y entendido.

CÓDIGO (DOS)

Mézclate con lo toxico
y perderás tu esencia

Ten cuidado con las conversaciones que sostienes, con las personas que te rodean, pues no todos los que sonríen caminan contigo. Ten cuidado en dónde empleas tu tiempo, porque lo que cultivas hoy florecerá mañana. Y, sobre todo, hay que tener cuidado con aquello a lo que se presta atención: ahí donde fijas tu mirada, va tu energía, y donde va tu energía, crece tu vida. Hay palabras que no solo se escuchan, se sienten. Se meten por los oídos y se anidan en el alma sin que lo notemos. Las quejas constantes, el juicio ajeno, el drama sin pausa… todo eso se adhiere a ti como polvo en el viento. Por eso, hay que aprender a apartarse.

Y nunca pensar que puede ser por soberbia, sino por salud. No por falta de amor, sino por amor propio. Las personas que viven en un lamento constante, que ven problema en todo, que arrastran su oscuridad como si fuera una bandera… no se dan cuenta, pero desgastan.

Sus palabras se convierten en un eco en tu mente. Y, sin darte cuenta, empiezas a hablar como ellos, hasta llegar a pensar como ellos, a ver las cosas, la vida, con neblina. Y esa neblina no es tuya.

Querido amigo, amiga: aléjate. He llegado a un punto de mi vida en que pienso, creo y afirmo que no todo el mundo merece estar cerca, porque tu paz no es negociable. Hay algo que no se dice, pero se siente. Por ejemplo: tú entras a un lugar y, sin que nadie hable, ya sabes si deberías quedarte o irte. ¿Sí o no? ¿Nunca te pasó? Pues a mí sí. Hay miradas que abrigan y otras que enfrían. Y, sin embargo, cuántas veces ignoramos eso por no parecer exagerados, por no incomodar, por no quedar mal.

Cuántas veces también forzamos conexiones que ya se rompieron, insistimos en estar donde ya no pertenecemos.

No hay nada más caro que estar en un sitio donde sientes que te vas apagando poco a poco.

Si un ambiente pesa, hay que salir de ahí. La verdadera valentía no siempre está en resistir; creo que es reconocer cuando un lugar deja de ser hogar.

Cada día que pasamos en un espacio que no nutre nuestra paz es un día que te arrebata algo muy valioso: tu luz, tu alegría y, lo más importante, tu esencia. Salir de un ambiente que te drena no es huir. Es cuidarte. Es elegir.

Porque el hogar no es un lugar físico: es un estado de paz.

Nosotros, desde un principio, Marian y yo, fuimos celosos guardianes de nuestro círculo, eligiendo con cautela a quienes permitíamos entrar en nuestras vidas. No se trata, como digo, de un simple recelo, sino de una necesidad de proteger lo nuestro.

Sabemos que el mundo está lleno de sombras disfrazadas de luz, de influencias que, sutiles al principio, terminan filtrándose en los rincones más sagrados del hogar. Por eso, con cada encuentro, nos aseguramos de resguardarnos y de proteger a nuestra familia.

«No os dejéis engañar, las malas compañías corrompen las buenas costumbres.»

(1 Corintios 15:33)

Por eso, no nos dejemos engañar siendo inocentes y simples. Son los ingenuos, queridos amigos, los que confían ciegamente en la suerte o en la apariencia de un destino prometedor. Pero os aseguro que ese desvío los lleva a la ruina; su propia confianza los traiciona y los arrastra hacia la perdición... Sé perfectamente de qué hablo. Tengan cuidado:

«Maldito el hombre que confía en el hombre.»

Jeremías 17:5

No pongas tu confianza en las personas. Hay quienes solo están contigo: por el interés te quiero, Andrés... ¿No conocen ese dicho? Qué cierto que es. Otras personas se acercan para ver cómo caes; y si no resbalas, tranquilo, ellos ya te empujan. Otros, con una mano te abrazan y con la otra afilan el puñal. Y qué raro... pero no por ello menos cierto. Es decir, que la traición no siempre llega de enemigos: también sabe disfrazarse de amistad, de amor, de lealtad.

Confía, sí, pero nunca a ciegas. Porque, aunque me costó aprenderlo, te puedo asegurar —es más, te confirmo— que hay corazones que solo saben fingir.

En Mateo 10:16 dice:
«Yo los envío como a ovejas en medio de lobos: Sean entonces astutos como serpientes y sencillos como palomas.»

Aquí nos dice que seamos sencillos como palomas, que tengamos pureza de corazón, con esa inocencia que no busca el mal. Pero, a su vez, que tengamos la capacidad de reconocer y comprender los peligros que se pueden presentar: astutos como serpientes y prudentes. Actuar con sabiduría y discernimiento para evitar ser engañados o perjudicados. Todo empieza en nosotros:

Aprender a observar sin prejuicios, a no tomar decisiones solo por emoción, y a darnos permiso para cuestionar, incluso cuando todos a tu alrededor parecen estar de acuerdo.

Proverbios 18:17:
«El primero que habla siempre parece tener la razón, hasta que llega alguien y lo cuestiona.»

Detenerse antes de responder. Preguntarse: ¿Esto resuena con mis valores? ¿Quién se beneficia contestando sí o no? ¿Qué pasaría si espero un poco más antes de actuar?

Cada vez que elegimos actuar con calma, estamos construyendo un escudo, una coraza contra el engaño. Porque vivimos en un mundo donde las apariencias pueden confundirnos, y mucho. Donde las palabras dulces esconden intenciones amargas. Y, como dicen los dichos: no todo lo que brilla es oro, «ratones arriba, que todo lo blanco no es harina» o «no todo el monte es orégano». Esta última es mi favorita.

1 Samuel 16:7
«No te fijes en su apariencia ni en su elevada estatura, pues yo lo he rechazado. No se trata de lo que el hombre ve; pues el hombre se fija en las apariencias, pero yo me fijo en el corazón.»

Pero escucha bien: el aceite, aunque mezclado con el lodo, no deja de ser aceite, y a tiempo no pierde su pureza.

La clave está en reconocer que te has mezclado… pero no transformado.

Y desde ahí, iniciar el proceso de limpieza: sanar, soltar, volver.

Volver a ti no es mágico. No es inmediato. Es un proceso.

En primer lugar, perdónate. Mezclarse no es fallar, es humano. Todos, en algún momento, caemos. Lo que importa es lo que haces después.

En segundo lugar, recuerda siempre tu valor: aunque hoy no brilles, aunque sientas que te has perdido, tú sigues siendo tú.

No hay barro que destruya lo que en verdad eres. Solo tienes que volver a tocar tu propia esencia.

Porque no eres lodo. Tú eres el aceite.

«Porque todos vosotros sois hijos de luz e hijos del día; no somos de la noche ni de las tinieblas.»

1 Tesalonicenses 5:5

CÓDIGO
(TRES)

Menos mente, más salud

¿Qué pensamientos bailotean y danzan todo el día en nuestra mente? ¿Son ilusionantes? ¿Esperanzadores, tal vez? ¿O son pensamientos de esos agotadores, de ira, envidia, celos, resentimiento o culpa?

Los pensamientos son como las palabras: semillas. Cuando brotan desde la esperanza, la ilusión o el amor, dan vida, *son* vida. Alimentan el alma, fortalecen el corazón. Pero cuando germinan y se filtran en terrenos totalmente llenos de ira, resentimientos, etc., envenenan desde adentro. Se instalan en lo profundo y, como raíces tóxicas, quiebran poco a poco la armonía entre mente y cuerpo.

> **«Cuida tu mente más que nada en el mundo,**
> **porque ella es fuente de vida.»**
> Proverbios 4:23

Lo que pensamos afecta a lo que sentimos, y lo que sentimos afecta a lo que sucede en nuestro cuerpo.

La palabra tiene la capacidad de sanar o enfermar. Es importante saber esto, porque así podemos ser más vigilantes con lo que pensamos y con lo que decimos, y no soltar palabras como nos venga en gana. Debemos darnos cuenta del poder de influir con eso —y un gran poder conlleva una gran responsabilidad—. Así lo creía también *Spider-Man*.

Debemos procurar e intentar siempre tener pensamientos positivos y no negativos. Hay un dicho que dice: «Un árbol puede producir un millón de cerillas, pero una cerilla puede quemar un millón de árboles». Moraleja: si dejamos que un pensamiento negativo permanezca en nuestra mente, arruinará, echará a perder un millón de pensamientos positivos. ¿Podemos apartar, alejar de nosotros los pensamientos negativos? Pues… Os doy una excelente y maravillosa noticia: sí. ¡Sí se puede!

Con el código de la gratitud. Para nosotros es como la llave que abre puertas hacia la felicidad. Son como los códigos más importantes del día a día. Si eres agradecido, espantarás lo negativo y atraerás lo positivo, y empezarán a ocurrir como pequeños milagros: cosas buenas sucederán.

Dios y su universo aman a las personas agradecidas. Cuanto más agradecido, más alegre y positivo te encontrarás.

«Dad gracias en todo, porque esta es la voluntad de Dios para con vosotros en Cristo Jesús.»
1 Tesalonicenses 5:18

Hay algo que queremos revelarte (casi un secreto) que vamos a compartir contigo. No requiere esfuerzo físico ni grandes conocimientos. Es sencillo, casi demasiado sencillo este código para ser cierto, y sin embargo desempeña un papel importantísimo, porque funciona a la perfección si lo practicamos.

Cada mañana, justo al despertar, antes de que tu mente empiece a llenarse de cualquier preocupación o distracción, haz una pausa. Quédate unos segundos en silencio, aún en la cama si prefieres. Donde mejor funciona es frente a un espejo. Con los ojos cerrados, piensa en tres cosas por las que te sientas profundamente agradecido. Solo tres.

No tienen que ser grandes logros ni momentos extraordinarios. Pueden ser cosas tan simples como la presencia de un nuevo amanecer, la salud que te permite moverte, las personas que amas. Yo, por ejemplo, pienso en la vida, mi esposa, mi hija. Me imagino sus rostros, sus voces, sus risas, los momentos que compartimos juntos. Y cuando conecto con ese pensamiento, algo cambia y una sonrisa nace sin que yo la fuerce.

Es una reacción natural. Para mí es mágica. En ese instante, antes de que empiece el ajetreo del mundo exterior, ya me siento bien, positivo y feliz.

Te miras en el espejo y te ves... hasta guapo... ja, ja, ja.

Este pequeño hábito no resuelve —claro que no— todos los problemas,

pero establece un tono —o un semitono, diría yo— distinto para el día. En lugar de salir corriendo hacia la rutina con el piloto automático, salgo con el corazón más ligero y la mente más clara.

Para nosotros, la gratitud actúa como una brújula emocional y te recuerda lo que realmente importa. Te prepara para afrontar lo que venga con actitud positiva.

Haz la prueba mañana mismo. No necesitas más que unos minutos y el deseo sincero de ver lo bueno que ya habita en tu vida.

Con el tiempo descubrirás que esos pequeños instantes de gratitud pueden cambiar tu forma de ver la vida y empezar el día con una sonrisa auténtica —no la que se finge para las fotos, sino la que viene desde adentro—.

Es un privilegio que pocos se dan. Tú puedes ser uno de ellos.

Para mantener viva la gratitud durante el día, necesitamos crear y tener en mente unos pequeños códigos, como anclas, que sean recordatorios que te hagan volver al presente y así agradecer, aunque sea por unos segundos.

Porque los días grises también cuentan. No todos los días son buenos: algunos cansan, duelen o simplemente decepcionan, y es justo en esos días cuando necesitamos nuestros códigos. Yo, por ejemplo, en esos días sin color, me acuerdo de una frase muy popular de mi amada esposa, donde dice: *«Nada viene para quedarse»*. Cuando sientas estrés o ansiedad, en lugar de dejarte arrastrar por las circunstancias, respira hondo y seguidamente repite la frase: *«Nada viene para quedarse; esto que me está pasando también pasará»*. Y verás, sentirás, que aun en medio del caos hay cosas buenas.

Ser agradecido no significa negar lo que duele. No se trata de forzar pensamientos positivos; es, más bien, como una linterna que nos ayuda a encontrar algo de luz, incluso en los rincones más oscuros.

A veces, lo único que puedes agradecer —y riendo escribo esto— es: que acabe el día. O también que tienes un techo y una cama donde descansar. Y eso ya es mucho. Piénsalo.

No necesitas que todo sea perfecto para sentirte bien y afortunado. Al contrario: es darte cuenta de lo imperfecto que es todo, y aun así sentir amor por ello.

Amigos, amigas, imaginemos una vida en la que, pase lo que pase, nuestros pequeños códigos y la perseverancia en ellos nos recuerden que estamos vivos, que estamos creciendo, que tenemos muchas cosas por las que dar gracias. Esa sería tener una vida plena. No perfecta, pero sí profundamente significativa, ¿no creen?

Podríamos pensar que la gratitud es solo una emoción bonita, una idea agradable… pero la verdad es que es muy poderosa. Así lo vemos nosotros: algo sencillo, todo esto, pero funciona. Piénsalo: cuando vives quejándote o en constante preocupación, nuestro cuerpo lo siente, se tensa, se agota. Pero cuando practicamos el agradecimiento, nuestro cuerpo responde como si dijera: «*Gracias; ya puedo soltar un poco*». Cuando vivimos desde la gratitud, empezamos a experimentar una conexión más profunda contigo mismo y con algo más grande. Nosotros lo llamamos Dios. Hay una sensación de confianza que nace, como si todo tuviera un propósito, incluso aquello que no entendemos del todo, o casi nada. Decimos que ser agradecidos en todo es una forma de oración constante. Oremos.

Por cierto, igual que despiertas en gratitud para así ser positivo y feliz, duerme siendo también agradecido. Respira profundo, pon tu mano sobre tu pecho, cierra los ojos y da gracias por el día ya transcurrido. Agradece por lo que no puedes ver, pero sí sentir.

Sentir es un privilegio del alma. Sintamos sin filtros ni juicios. Cada emoción —buena o difícil— nos enseña algo, nos forma, nos prepara, también nos humaniza. Sentir es crecer; es el primer paso hacia el bienestar.

«*Estoy presente, aquí y ahora. Estoy vivo, y puedo sentir*».

Agradecer lo que sentimos nos construye. Nos recuerda quiénes somos. Y eso me da alegría. Porque merecemos sentirnos bien. No neguemos nuestros dolores, claro que no. Pero sí decir: *hoy elijo valorar y agradecer la luz cuando aparece*. Estoy agradecido por cada instante que me hace sonreír… ¡desde adentro! Gracias. Mil gracias.

CÓDIGO (CUATRO)

El escitaloprám de Dios (La risa)

¿Sabías que cuando ríes tu cuerpo cambia? Se liberan endorfinas que te hacen sentir mejor, baja el cortisol —que causa estrés— y tu sistema nervioso se calma. Es como si Dios nos hubiese dado la risa como medicina. Y lo mejor es que no necesitamos permiso para usarla, tampoco receta médica. Puedes reír en medio del caos. Puedes reír cuando todo parece estar mal, no para burlarte de otros, sino para decir: «*Esto no me va a aplastar, voy a seguir adelante*». Cada vez que eliges reír en vez de enojarte, estás entrenando tu espíritu para ser más fuerte, más ligero, más firme. Estás aprendiendo a no darle a cada problema o situación más poder del que merece. Estás eligiendo vivir con un corazón libre. Cuando haces esto con constancia, algo cambia a tu alrededor. Ya no te ven como una persona frágil que se quiebra por cualquier cosa: te empiezan a ver como alguien tranquilo, que transmite paz, incluso en medio de los problemas.

La verdad es que no siempre podemos elegir lo que nos pasa, pero sí podemos escoger cómo reaccionamos. Si los problemas conseguimos verlos con un poco de humor, ya estamos viendo las cosas de otra manera.

No porque los problemas se esfumen, sino porque ya los problemas no te dominan. Si algo no te sale bien, ríete. Si alguien te provoca, sonríele. Si cometes un error, aprende y deja ir con una buena carcajada. Porque si puedes reírte de lo que te molesta, eso ya no te domina. Si llegamos a ver lo curioso o lo ridículo en una situación difícil, ya no estamos atrapados dentro del drama: estamos por encima, como el águila volando majestuosamente a gran velocidad, con una mirada distinta. Y ahí encontramos calma. La risa bien usada es un código de fuerza. Es como decirle a la vida: *yo decido cómo me siento, aunque las cosas no estén saliendo como quiero*. Es como un puente que te lleva del enojo a la paz, del caos al equilibrio.

Cada vez que eliges tomar esta medicina de Dios, estás haciendo tu vida más liviana, más sincera, más libre.

Así que, la próxima vez que la vida te pruebe, antes de explotar, respira… y después, ríe. Porque no hay nada que te haga más fuerte que saber encontrar un poco de luz en medio de la oscuridad. Y esa luz, amigo/a, muchas veces es la risa.

Juan 1:5
«La luz brilla en las tinieblas, y las tinieblas no la sobrepasaron.»

La risa no niega el dolor, pero —recordémoslo— lo transforma.

Lo disuelve en el aire como niebla ante el sol. Cuando reímos, nuestro cuerpo lo sabe: el pecho se expande, el alma se sacude y entonces las cosas del mundo dejan de pesar tanto. Nuestro consejo es, queridos amigos: ríe, porque cada carcajada es una victoria sobre el miedo.

Ríe, y verás cómo la vida te responde, como si supiera que, por dentro, te estás curando.

Ríe, porque es una medicina de Dios, un susurro de Dios en el alma.

No es solo alegría: es sanación. Cuando reímos, el universo respira junto con nosotros. Las cargas se van disolviendo.

Te ves más bello/a, más joven, porque tu corazón irradia alegría.

Proverbios 15:13:
«El corazón alegre hermosea el rostro.»

Ríe con el corazón despierto, y sentirás cómo lo invisible te abraza. Es orar sin palabras, gratitud sin forma, diciéndole al cielo: *«Aquí estoy. Aún tengo fe. Aún tengo vida».*

CÓDIGO (CINCO)

Si no puedes con las olas, aprende a surfear

Llegamos a la conclusión —sobre todo yo— de que muchas veces sufrimos no por lo que pasa, sino por lo que esperábamos que pasara. Nos cuesta porque la vida no sigue el plan que teníamos en la cabeza. Nos enojamos porque no actúan como nos gustaría. ¿Y si el problema no fuera lo que hacen los demás, sino lo que nosotros esperamos? ¿Y si la verdadera libertad no está en cambiar todo, sino en aprender a aceptar lo que nos toca vivir?

Aceptar no es rendirse, es entender que la vida no tiene la obligación de cumplir todos nuestros deseos. Es dejar —diría yo— de pelear con lo que *es*, para poder vivir en paz por dentro.

¿Cuántas veces te sentiste dolido/a porque alguien te falló? Porque no te entendieron o no actuaron como tú lo harías. Pero esa persona no eres tú, no tiene tu historia, ni tus valores, ni tampoco tu forma de ver el mundo.

Pretender que todos actúen como tú piensas es como pedirle al mundo que sea perfecto, y eso es imposible. De ahí viene el sufrimiento, porque mientras más rígido eres con lo que esperas, más fácil es que te rompas. Aceptar la realidad no es quedarse quieto. Es darse cuenta de que hay cosas que no podemos controlar, y menos lo que hacen los demás, el ritmo que lleva la vida, los cambios que no esperábamos.

Preocuparse por las cosas que están fuera de nuestro control es inútil.

Es como intentar secar el mar con una toalla. Nos desgasta, nos frustra y, lo más grave, nos distrae de lo que *sí* podemos hacer: elegir cómo respondemos en cada situación.

El primer paso sería discernir lo que depende de ti y lo que no.

Parece simple, pero es muy eficaz.

Haz una pequeña lista ahora:

Cosas que no puedes controlar:

- Lo que otras personas piensan de ti
- El clima
- La economía de tu país

Cosas que sí puedes controlar:

*Tu actitud
*Lo que piensas de ti mismo
*Tu esfuerzo
*Tus hábitos diarios

Imagina que tienes dos mochilas: una con lo que puedes controlar, y otra con lo que no. ¿Cuál llevarás contigo a donde vayas? ¿Cuál te ayuda a avanzar, y cuál solo pesa?

Mateo 6:27 nos dice:

«Porque ¿quién de ustedes, por mucho que se preocupe, puede agregar una hora a su vida?»

Si algo no salió como querías, tal vez no era para ti. Si alguien no actuó como esperabas, quizá está luchando su propia batalla.

No vinimos a este mundo a controlar todo. Es curioso: la ciencia también lo dice. La gente que practica la aceptación tiene menos estrés y más bienestar. No porque su vida sea más fácil, sino porque dejaron de pelear contra lo que solo Dios puede cambiar.

Mateo 19:26

**«Y mirándolos Jesús, les dijo:
Para los hombres esto es imposible;
pero para Dios todo es posible.»**

Piensa esto: estamos en medio de una gran tormenta. ¿Qué ganamos gritando al cielo enojados? Nada. Pero nada de nada.

Mejor sería buscar un chubasquero con tranquilidad y paz, y esperar a que pare. La tormenta no va a cambiar por nuestro enfado.

La próxima vez que algo te decepcione, hazte esta pregunta: ¿esto es realmente injusto? ¿O solo no salió como yo quería?

A veces lo llamamos maldad o falta de respeto, y es simplemente la vida siendo como es.

CÓDIGO (SEIS)

**Si lo sueñas (lo ves),
Si lo crees (LO TIENES)**

**«Y Jesús le dijo:
Si puedes creer, al que cree todo le es posible.»**

Marcos 9:23

Queridos amigos, si empezamos a soñar, ya lo estamos creando; y si lo crees con todo tu corazón, se hace posible. Porque al creer de verdad activas un arma muy poderosa llamada *fe*, que es el puente entre el deseo y la realidad.

Nadie puede ver nuestras mentes, no pueden ver lo que soñamos. Esa imagen, esa meta, esa vida que anhelas nace dentro de ti. Al imaginar nuestro sueño, hay que verlo como si ya fuera real, y empezar a hablar las cosas que no son como si fuesen. Porque si lo creemos, lo tenemos. Nuestra actitud cambia, nuestras decisiones se alinean, porque todo se está moviendo. Una vibración hay con esa visión; el Todopoderoso está manos a la obra, y siempre a favor nuestro, porque Él nos ama.

Ese sueño, ese deseo transformado en acción, es lo que crea resultados.

No necesitamos, ni mucho menos, tener todas las respuestas ni ver el camino completo. Solo se necesita empezar: soñar, verlo, creerlo y dar un paso. Uno solo. El resto se irá revelando. Por *fe*.

Habacuc 2:2-3

**«Y Jehová me respondió, y dijo:
Escribe la visión, y declárala en tablas, para que corra el
que leyere en ella.
Aunque la visión tardará aún por un tiempo, más se
apresurará hacia el fin, y no mentirá; aunque tardare,
espéralo, porque sin duda vendrá, no tardará»**

Aquí, en Habacuc 2,2-3, se nos habla de la *visión*, que es lo que soñamos.

Nos dice también que, aunque no ha llegado el momento de que el sueño se cumpla, sin duda llegará. O sea, se cumplirá. Que esperemos, pues se realizará en el momento preciso y llegaremos a la meta esperada.

«Escribe la visión» es como sostener el sueño, contemplarlo con los ojos, soñar despierto, convertir ese anhelo en destino.

«Y declararla en tablas»: grabarla, pintarla, exponerla. Es hacer visible lo invisible. Es colocar la imagen o imágenes del sueño en un sitio donde nuestra vista las encuentre, donde el corazón las recuerde y nuestros pasos se alineen con ellas. Porque la visión que se ve, se persigue.

Cuando aún vivíamos en Argentina, algo empezó a crecer en nuestro corazón: una visión. No era solo un deseo pasajero, era un sueño con raíces. Uno que pedía ser escrito, dibujado, recortado… y creído.

Tomamos una cartulina, y sobre ella volcamos todo aquello que anhelábamos. Escribimos palabras que hablaban de futuro, de cambios, de viaje, de nuevos comienzos. Pegamos imágenes relacionadas con todo ello, dibujamos y recortamos como si estuviéramos diseñando el mapa de una vida aún por vivir.

Colgamos esa cartulina en un lugar visible donde pudiéramos verla cada día. Era nuestra cartulina íntima, personal representando toda nuestra esencia, no sabíamos cuándo, donde ni cómo ocurriría todo eso... pero creímos declarando con fe y perseverancia que sucedería.

Con el corazón lleno de esperanza y los ojos puestos en lo que aún no se veía, dejamos que el sueño, hablara día a día... hoy al mirar atrás, nos emociona ver que el sueño ya no vive en cartulina, esa visión que parecía en ocasiones lejana hoy son nuestra realidad, entrelazada con cada paso que damos, formando parte de lo que somos y de la vida que construimos juntos...

PREGUNTATE HOY; escríbelo;

-¿Qué estoy soñando?

_____

_____

_____

-¿Lo puedo ver claramente?

_____

_____

_____

-¿Estoy dispuesto a creer que es posible para mí?

_____

_____

_____

Te recuerdo que escribir lo que sueñas es ver lo que habita en lo más profundo de tu mente y corazón, le da forma, lo convierte en algo más que un pensamiento fugaz. Dejan de ser simples ideas para convertirse en intenciones. Les da existencia fuera de ti. Les da peso. Dirección.

Lo escrito siempre permanece. Escribir lo que sueñas para nosotros es como un acto de respeto. Respeto por ti mismo, por tu vida y por la posibilidad. Para nosotros, la total certeza de que todo eso que sueñas sí llega a ser real.

Asi que amigo, amiga vamos. Mano a la obra: a escribir..

CÓDIGO
(SIETE)

Cuando el dolor revela lo divino

«Ciertamente llevó él nuestras enfermedades, y sufrió nuestros dolores; por sus heridas fuimos nosotros sanados.»

Isaías 53:4-5

Podemos sanar. Esa es la verdad que va más allá de lo visible, porque las enfermedades y dolencias no nos pertenecen: ya fueron cargadas, sufridas y pagadas en la cruz. Jesús, con su sacrificio, saldó esa deuda con un precio incalculable…

Y, como siempre, creer es la base. Dios ha puesto en nosotros la habilidad de creer, y no es lo que tú quieras, es lo que tú creas. Lo que tú crees es lo que funciona. Nadie quiere estar enfermo, pero hay gente que cree que tiene que estar enferma (mentira). Nadie quiere ser pobre, pero hay una aceptación que determina eso: «mi familia siempre ha sido pobre», «mis abuelos eran pobres»… Ellos no quieren ser pobres, pero creen que tienen que serlo. Y, como lo creen, siguen siéndolo. Entonces, no es lo que tú quieras: es lo que crees.

«Si naces pobre o en una familia desestructurada, no es culpa tuya; pero vivir así y morir así puede llegar a serlo.»

De acuerdo a cómo tú piensas, tú crees.
De acuerdo a cómo tú crees, tú recibes.

Era un día cualquiera, de esos que parecen repetirse sin mucho alboroto. Estábamos en nuestra casa en Argentina, año 2021, en familia, disfrutando de la cotidianidad. El aroma de los churros llenaba el ambiente y la cocina era el corazón de la casa. Marian, mi esposa, como siempre —en esa costumbre que tiene de querer agradar, sobre todo a mí—, cocinaba entre sartenes y ollas. Pero, en un abrir y cerrar de ojos, todo cambió. Un salpicón de aceite hirviendo estalló repentinamente, alcanzando su rostro por completo. Fue un instante, pero suficiente para llenar mi cuerpo de nervios. Me paralicé, no podía dejar de mirar su rostro marcado por las quemaduras. Empecé a tener temor, mi mente se llenaba de preguntas y angustia. Sin embargo, ella, en ese momento, no fue como yo. Con una paz que no parecía humana, con una calma que solo podía venir de lo alto, me miró y dijo: «No es nada. Tranquilo, estoy bien». Su voz no temblaba. Eso no era negación, era *fe*. Era la convicción que tenía de que aquello que veíamos no era definitivo, que el daño aparente no tenía la última palabra. Según los médicos, lo que ella tenía eran quemaduras abrasivas de tercer grado. Le advirtieron que el dolor sería intenso y persistente, y que su rostro quedaría marcado —si no por completo, al menos en su mayor parte—. Le recetaron pomadas especiales, analgésicos, y nos explicaron que pasarían meses antes de ver algún tipo de mejoría. Pero ella nunca aceptó aquel diagnóstico. No se aplicó las pomadas, no tomó ni una sola pastilla. Declaró, con una firmeza casi desafiante, que estaba sana. Ese diagnóstico médico, una vez más, fue otra mentira del diablo queriendo —como siempre— meter miedo. La Biblia dice que Satanás es un mentiroso y un ladrón que desea robarnos las bendiciones de vida, salud y prosperidad que Dios ya nos ha dado.

Juan 10:10

«El ladrón no viene sino para hurtar, matar y destruir; yo he venido para que tengan vida, y para que la tengan en abundancia.»

Marian decidió, como siempre, creer a Dios:

«No sé cómo explicarlo. Era como si algo —o alguien— estuviera conmigo, invisible pero constante. No lo veía, no lo oía, pero lo sentía. Un cuidado silencioso, una paz que se deslizaba entre el dolor. Era como si me dijeran sin palabras: *"Vas a estar bien"*».

Entendí que hay momentos en que no necesitas que el mundo entero venga a salvarte. A veces, lo que realmente te salva es ese cuidado que no se ve, pero que se siente con fuerza. Una presencia suave que te dice: «*Sigue. Estás siendo sostenida, aunque no lo veas*».

En la vida, muchas veces buscamos respuestas rápidas, soluciones inmediatas, remedios que calmen nuestras heridas visibles. Pero hay momentos en que la verdadera sanidad nace de una pausa, de una confianza profunda que no se basa en lo que podemos ver o tocar. Aprendí que creer —sin duda ni miedo— es un acto poderoso que nos sostiene cuando el camino parece incierto. Y esa *fe* silenciosa, esa paz que no exige entender, puede ser el comienzo de una sanación mucho más grande.

NUESTRA PEQUEÑA REFLEXIÓN

El Código de la Perseverancia, para nosotros, es más que un pequeñito libro: es un abrazo al alma, una voz que te susurra que sí se puede, incluso cuando todo parece perdido.

Le contamos nuestra experiencia desde el corazón; cada palabra escrita es un reflejo de una vida que eligió no rendirse.

Cambiar es posible. No estamos condenados a vivir en el dolor o en la oscuridad.

El Código de la Perseverancia nos enseña que las palabras tienen poder, que lo que decimos y pensamos puede sanar o destruir, que rodearnos de personas con luz no es un lujo, es una necesidad.

Cuidar nuestra mente es cuidar nuestro cuerpo. Y que la gratitud, la risa, los sueños y, sobre todo, la fe son medicinas reales al alcance de todos.

Cada código compartido es sencillo, pero inmensamente poderoso.

No se trata de fórmulas mágicas, sino de decisiones diarias, pequeñas elecciones que construyen una vida distinta.

El Código de la Perseverancia te inspira a creer, a intentarlo una vez más, a confiar en que la vida puede ser hermosa si perseveras desde el amor, desde la esperanza y desde lo más profundo de tu ser.

Porque, al final, este camino no se recorre con fuerza física, sino con un corazón decidido a no soltarse… jamás.

Perseverar no es resistir: es renacer cada día con la certeza de que lo mejor aún está por venir.

Puede escribirnos; estaremos encantados de leerle y responderle con el mismo entusiasmo.

Puede hacerlo a la dirección: **juanymarian204@gmail.com**

ÍNDICE